AF359861

L'EUROPE GALANTE,

BALLET,

REPRÉSENTÉ

PAR L'ACADÉMIE ROYALE DE MUSIQUE,

POUR LA PREMIERE FOIS

Le vingt-quatre Octobre 1697.

Repris en 1703. 1715. 1724. 1736. 1747.
Et remis le Mardi 26. Août 1755.

PRIX XXX SOLS.

AUX DÉPENS DE L'ACADÉMIE.

A PARIS, Chez la V. DELORMEL & FILS, Imprimeur de l'Académie, rue du Foin, à l'Image Ste. Geneviéve.

On trouvera des Livres de Paroles à la Salle de l'Opéra.

M. DCC. LV.

AVEC APPROBATION ET PRIVILEGE DU ROI.

Les Paroles de feu Monfieur DE LA MOTHE.

La Mufique de feu Monfieur CAMPRA.

ACTEURS CHANTANS.

Dans les Chœurs.

CÔTE' DU ROI.		CÔTE' DE LA REINE.	
Mesdemoiselles.	*Messieurs.*	*Mesdemoiselles.*	*Messieurs.*
Larcher.	Lefebvre.	Rollet.	S. Martin.
Cazeau.	Le Page. C.	Daliere.	Gratin.
LeTourneur	Larivée.	Masson.	Le Mesle.
La Croix.	Le Roy.	Gondré.	Pinart.
Sallaville.	Vallet.	Héry.	Albert.
Gaultier.	l'Evêque.	Adelaïde.	l'Ecuyer.
De S.Hilaire.	Selle.	Lachanterie	Chapotin.
Edmée.	Roze.	Dauger.	Favier.
Vanhoff.	Robin.	Beyssac.	Feret.
	Antheaume.	Dubois c.	Du Perrier.
	Parent.		Laurent.
			Louatron.

ACTEURS DU PROLOGUE.

VENUS,	Mlle Dubois.
LA DISCORDE,	Mr Cuvillier.
UNE GRACE.	Mlle Duperey.

PERSONNAGES DANSANS.
LES GRACES.

Mlles CHEVRIER, VICTOIRE, DESCHAMPS.

JEUX ET PLAISIRS.

Mr GALLINI.

Mr HYACINTHE, Mlle CARVILLE.

Mrs Dupré, f. Trupty, Bertrin, Henry.

Mlles Fleury, Morel, Sauvage, Ponchon.

PROLOGUE.

*Le Théâtre repréſente une Forge galante, où les Graces,
les Plaiſirs, & les Ris ſont occupés à forger les
traits de l'Amour. VENUS y deſcend pour les exciter
au travail.*

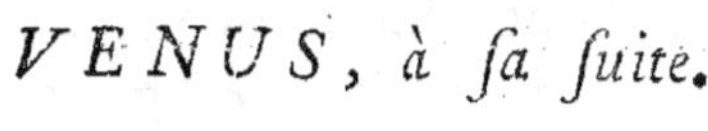

SCENE PREMIERE.

VENUS, LES GRACES, LES PLAISIRS,
ET LES RIS.

VENUS, à ſa ſuite.

FRAPPEZ, frappez, ne vous laſſez jamais ;
 Qu'à vos travaux l'Echo réponde.
Pour le fils de Venus forgez de nouveaux traits ;
Qu'ils portent dans les cœurs une atteinte profonde.
 Frappez, frappez, ne vous laſſez jamais ;
 Vous travaillez pour le bonheur du monde.

CHŒUR.

Frappons, frappons, ne nous laſſons jamais ;
 Qu'à nos travaux l'Echo réponde.

Pour le fils de Venus forgeons de nouveaux traits;
Qu'ils portent dans les cœurs une atteinte profonde.
Frappons, frappons, ne nous laſſons jamais;
Nous travaillons pour le bonheur du monde.

VENUS.

C'eſt Vulcain qui fait le tonnerre,
Dont le Maître des Dieux épouvante la terre;
Mais ce ſont les Plaiſirs, les Graces, & les Ris
Qui forment les traits de mon Fils.
Jeunes Cœurs, eſſayez la douceur de ſes armes;
Qui s'en laiſſe bleſſer éprouve mille charmes.

On danſe.

UNE GRACE, *Alternativement avec le* CHŒUR.
Souffrez que l'Amour vous bleſſe,
Belles, chaſſez la fierté :
Apprenez que la tendreſſe,
Eſt l'ame de la beauté.

UNE GRACE.

C'eſt dans une tendreſſe extrême
Qu'on trouve des plaiſirs parfaits;
On n'eſt content que quand on aime,
Les autres biens ſont ſans attraits;
Pour être heureux l'Amour lui-même
S'eſt bleſſé de ſes traits.

On danſe.

*Le Divertiſſement eſt troublé par une Symphonie
qui annonce* LA DISCORDE.

SCENE II.

LA DISCORDE, VENUS, & *leur Suite.*

VENUS.

Quelle foudaine horreur ! & quels terribles
　　bruits !
Ciel ! Qui peut amener la Difcorde où je fuis ?

LA DISCORDE.

C'eft envain qu'à tes loix tu prétens qu'on réponde ,
　　Déeffe, fais ceffer d'inutiles travaux.
　　　　A quel coin reculé du monde ,
　　L'amour veut-il tenter des triomphes nouveaux ?
　　Pour qui deftine-t-il les traits qu'on lui prépare ?
　　　　De tous côtés je le fais dédaigner ,
　　Lorfque de tous les cœurs la Difcorde s'empare ,
　　　　　　Sur qui veut-il encor regner ?

Tous reffent la fureur dont je fuis animée ,
A mes fanglans autels tout vient facrifier ;
　　　　Et ton Fils fe voit oublier ;
Je l'ai du moins banni de l'Europe allarmée ,
　　　　S'il ne l'eft pas du monde entier.

VENUS.

　Tu t'applaudis d'une fauffe victoire ,
L'Amour a dans l'Europe une nouvelle gloire.

Il recueille le fruit de tes noires fureurs ;
　　Il regne au milieu de la guerre.
Malgré tes vains efforts il rassemble deux cœurs
Qui feront quelque jour le destin de la terre.

Le Héros qui les joint commence a dénoüer
Ce nœud que tu formas avec un soin funeste.

LA DISCORDE.

　　C'en est assez ; épargne-moi le reste ;
Et ne me force pas à t'entendre louer
　　Un Roi qui me déteste.

VENUS.

Je te ferai souffrir de plus cruels tourmens ;
Tu méprises l'Amour, tu verras sa victoire :
Et je veux que ces lieux par divers changemens,
　　Servent de théâtre à sa gloire.

L'Europe que tu crois attentive à ta voix,
Va chanter à tes yeux la douceur de ses loix :
Tu vas voir que des cœurs l'Amour seul est le maître.

LA DISCORDE.

Ah ! Ne te flattes pas de m'en rendre témoin.

VENUS.

　　Je veux te contraindre de l'être,
Tu prens pour t'en défendre, un inutile soin.

LA

LA DISCORDE.

Puifque dans ces lieux on m'arrête,
Fureurs, fecondés-moi, troublons au moins la Fête.

Faifons des Inconftans, des Jaloux odieux,
Jettons dans tous les cœurs les foupçons & les
      craintes :
     Qu'on reconnoiffe à mille plaintes
     Que la Difcorde eft en ces lieux.

VENUS.

Tu ne peux exciter que de vaines allarmes ;
Tu rendras mon triomphe encor plus glorieux.

Faifons regner l'Amour, faifons briller fes charmes
   Les doux plaifirs font fes plus fortes armes.

CHŒUR.

Faifons regner l'Amour, faifons briller fes charmes,
   Les doux plaifirs font fes plus fortes armes.

On danfe.

UNE GRACE.

   Ah ! Que l'Amour
   Prépare en ce jour
  De conquêtes nouvelles !
    Que fes appas
  Vont foûmettre de Belles
   Qui n'y penfent pas !

Il va fléchir tous les cœurs rebelles
Il va pour jamais
Les bleſſer de ſes traits ;
Loin de les craindre ,
Cherchons leurs coups.
Quel cœur peut ſe plaindre
D'un tourment ſi doux ?
Au Dieu d'amour cédons la victoire ;
Quand il nous ſoûmet à ſes déſirs ;
C'eſt moins pour ſa gloire
Que pour nos plaiſirs.

On danſe.

C H Œ U R.

Mortels , que l'Amour vous entraîne ,
Cédez à ſes douces ardeurs :
Qu'il vous bleſſe , qu'il vous enchaîne ,
Qu'il regne à jamais dans vos cœurs.

VENUS , a LA DISCORDE.

Commence à reſſentir l'effet de ma vangeance ;
Difcorde , voi l'Amour triompher de la France.

FIN DU PROLOGUE.

L'EUROPE GALANTE.

LA FRANCE.

ACTEURS.

SILVANDRE, *Berger.*	Mr Gelin.
PHILENE, *Berger, Confident. de Sylvandre.*	Mr Godard.
CEPHISE, *Bergere.*	Mlle Jacquet.
DORIS, *Bergere.*	Mlle Davaux.
UNE BERGERE.	M^{de} Cohendet.

PERSONNAGES DANSANS.

BERGERS, ET BERGERES.

Mlle PUVIGNÉE.

Mrs Dupré f., Henry, Bertrin, Feuillade, Trupty, le Lievre.

Mlles Courcelles, Morel, Sauvage, Couppé, Himblot, Riquet.

PASTRES ET *PASTOURELLES.*

Mlle LYONNOIS.

Mr BEAT, Mlle RAIX.

M^{rs}, Gallini, Galodier, Lochery, Dubois.

Mlles Victoire, Deschamps, Dumirey, Chomar.

PREMIERE ENTRÉE.

LA FRANCE.

Le Théâtre represente un Boccage , & dans le fond un Hameau.

SCENE PREMIERE.

PHILENE, SILVANDRE.

PHILENE.

QUoi? Pour l'objet de votre ardeur
Vous préparez encore une fête nouvelle?
Tant de fidelité doit fléchir sa rigueur ;
Envain Doris affecte une fierté cruelle,
Elle se lassera de refuser son cœur,
Aux soins que vous prenez pour elle.

SILVANDRE.

Ce n'eſt plus de Doris que j'attens mon bonheur.

PHILENE.

Ciel! Qu'entens-je!

SILVANDRE.

L'Amour m'offre un nouveau vainqueur,
Et me force d'être infidelle.

Je romps mes premiers nœuds pour des nœuds plus
charmans,
Mon infidelité m'eſt chere,
Et j'ai plus de plaiſir à trahir mes ſermens,
Que je n'en ſentis à les faire.

PHILENE.

A qui donc offrez-vous votre hommage nouveau?

SILVANDRE.

A l'indifferente Céphiſe.
Que mon triomphe ſeroit beau,
Si je la ſoumettois au Dieu qu'elle mépriſe!

PHILENE.

Vous déſiriez avec la même ardeur
Qu'un jour Doris partageât votre flâme.

SILVANDRE.

Eh bien, je vous apprens que j'ai ſoûmis ſon cœur,
Les feux dont je brûlois ont paſſé dans ſon ame.

Mes fermens, mes pleurs, mes foupirs,
M'ont obtenu l'aveu que je demandois d'elle.

PHILENE.

Pourquoi donc brulez-vous d'une flâme nouvelle ?

SILVANDRE.

L'Amour en comblant nos défirs,
A de nouveaux nœuds nous appelle.

Plus de fois on eft infidelle,
Et plus on goûte de plaifirs.

L'Amour en comblant nos défirs,
A de nouveaux nœuds nous appelle.

Cephife fe plaît en ces lieux.

PHILENE.

C'eft elle-même qui s'avance.

SILVANDRE.

Allons, Philene, évitons fa préfence,
La fête en ma faveur, doit prévenir fes yeux.

SCENE II.

CEPHISE.

PAifibles lieux, agréables retraites,
Je n'aimerai jamais que vous.
Envain mille Bergers viennent à mes genoux,
Me jurer des ardeurs parfaites.
Beaux lieux n'en foyez point jaloux,
Je méprife leur flâme, & je les quitte tous
Pour le plaifir que vous me faites.
Paifibles Lieux, agréables Retraites,
Je n'aimerai jamais que vous.

Pour forcer mon cœur à fe rendre,
On fait des efforts chaque jour;
Mais, quelques pleurs que je faffe répandre,
Quelques fermens que l'on me faffe entendre,
Ce font les piéges de l'Amour;
Je me garderai bien de m'y laiffer furprendre.

*CEPHISE eft interrompuë par les chants & par les danfes
des Bergers, des Bergeres & des Paftres.*

SCENE

S C E N E III.

CÉPHISE, Bérgers, Bergeres & Pastres.

C É P H I S E.

QUe vois-je ? Quel spectacle & quels nouveaux concerts !
A qui ces jeux font-ils offerts ?

C H Œ U R.

Aimez, aimez ; belle Bergere,
Laissez-vous enflâmer :
Que sert l'avantage de plaire,
Sans le plaisir d'aimer ?

U N E   B E R G E R E.

Soûpirez, jeunes Cœurs,
Suivez ce qu'Amour vous inspire ;
Cent nouvelles douceurs
Vous attendent dans son empire :
Soûpirez, jeunes Cœurs,
Devroit-on vous le dire ?

C H Œ U R.

Aimez, aimez, belle Bergere,
Laissez-vous enflâmer :
Que sert l'avantage de plaire,
Sans le plaisir d'aimer ?

C

LA BERGERE.

Aimons dans la jeune faifon,
Cédons, cédons à la tendreffe :
Nous en faut il d'autre raifon,
Que le penchant qui nous en preffe?

Envain, une erreur extrême
Nous défend de nous enflâmer ;
Notre cœur fent affez lui-même
Le befoin qu'il a d'aimer.

CHŒUR, Aimez, &c.

On danfe.

PHILENE.

Vole dans nos riants Boccages ?
Amour, ne les quitte jamais ;
N'y reçois point de Cœurs volages,
Bannis-en les triftes regrets.

On danfe.

CÉPHISE.

Que je fçache du moins, d'où me vient cet hommage ;
Quel Amant me pourfuit jufques dans ce Boccage ?

SCENE IV.

SILVANDRE, CEPHISE.

SILVANDRE.

Voyez à vos genoux cet Amant empressé :
Je découvre en tremblant l'ardeur qui me posséde ;
Mais, pardonnez aux maux dont je me sens pressé,
    C'est dans les yeux qui m'ont blessé,
    Que j'en viens chercher le reméde.

CEPHISE.

Qu'entends-je ! Quels discours ! Vous seriez-vous
    mépris ?
    Vous me prenez, peut-être pour Doris ?

SILVANDRE.

Non : Céphise, c'est vous à qui je viens apprendre
Le violent amour dont je ressens les coups.
Hélas ! Doris a-t-elle autant d'attraits que vous,
    Et peut-on s'y méprendre ?

CEPHISE.

    Ce n'est donc que depuis deux jours,
    Que vos yeux la trouvent moins belle ;
Vous lui juriez alors une flâme éternelle ;
Quoi! Pouvez-vous sitôt démentir vos discours ?

SILVANDRE.

Lorsque Doris me parut belle,
Je ne connoissois pas encore vos attraits :
Il faudroit, pour être fidelle;
Vous avoir toûjours vûe, ou ne vous voir jamais.

CEPHISE.

Que n'adressez-vous mieux un langage si tendre,
De quelqu'autre Bergere il surprendroit la foi :
Pour moi, je fuis l'Amour, & je veux m'en défendre;
Mais, s'il me contraignoit quelque jour à me rendre,
Du moins voudrois-je un cœur qui n'eût aimé que
moi.

SILVANDRE.

Eh bien, vous serez satisfaite.
J'ai senti pour vous seule une flâme parfaite,
Je n'ai jamais aimé comme j'aime en ce jour :
Doris étoit ma derniere amourette,
Vous êtes mon premier amour.

CEPHISE.

Laissez-moi, c'est trop vous entendre,
Redonnez votre cœur à l'aimable Doris.

SILVANDRE.

Je vous suivrai partout;

DORIS, qui survient.

Silvandre, cher Silvandre;
Ah ! Je l'appelle en vain, il est sourd à mes cris.

SCENE V.
DORIS.

QUEL funeste coup pour mon ame !
Quoi ? Silvandre , tu me trahis ?
Ingrat , qu'as-tu fait de ta flâme ?
C'est Doris qui te cherche , & c'est toi qui la fuis ?

Tu me jurois que l'astre qui m'éclaire ,
S'éteindroit avant ton amour ;
Au delà du tombeau je devois t'être chere
Jamais ardeur ne parut plus sincere ,
Hélas ! que de sermens tu trahis en un jour !
Tu crois trouver ailleurs une plus douce chaîne ;
Mais, perfide , crois-tu que je t'y laisse en paix?
J'irai troubler sans cesse , en rivale inhumaine,
Les douceurs que tu te promets :
Mon amour outragé me tiendra lieu de haine ;
Et je te rendrai les maux que tu me fais.

Mais, ses tourmens calmeront-ils ma peine?
Non, non , il faut plûtôt lui cacher mon courroux ;
Que dans d'autres liens un nouveau feu l'entraîne,
Il ne jouira point de mon dépit jaloux ;
Et j'attendrai qu'à mes genoux
Son inconstance le ramene.

FIN DE LA PREMIERE ENTRÉE.

L'ITALIE.

ACTEURS.

OCTAVIO, *Seigneur Vénitien.*   Mr de la Tour.
OLIMPIA, *Vénitienne.*   Mlle Fel.

PERSONNAGES DANSANS
DANS LE BAL.
UN FRANÇOIS.

M^r L A V A L.

Mr GALLINI, Mlle DUMIREY,
Mlle LYONNOIS.

MASQUES.	Dupré p., Desplaces, Beat. Mlles Fleury, Ponchon, Riquet.
PAYSANS.	Mrs Bertrin, Dupré f., Galodier, Mlles Courcelles, Deschamps, Chomar.
CHINOIS.	Mrs Henry, Trupty. Mlle Sauvage, Morel.

SECONDE ENTRÉE.

L'ITALIE.

Le Théâtre repréfente une Salle magnifique, préparée pour un Bal.

SCENE PREMIERE.
OCTAVIO, OLIMPIA.
OCTAVIO.

E verrai-je jamais le jour,
Où je ferai content de l'ardeur de votre
ame ?
Ingrate, vous brûlez d'une trop foible flâme ;
Vous offenfez & l'Amant & l'Amour.
Ne verrai-je jamais le jour,
Où je ferai content de l'ardeur de votre ame ?

O L I M P I A.

De quel reproche encor venez-vous m'allarmer ?
Vos foupçons plus long - tems ne peuvent fe contraindre,
      Que fert, ingrat, de vous aimer ?
      Vous ne ceffez point de vous plaindre.

O C T A V I O.

      Je ne me plaindrois pas,
Si vous m'aimiez, comme il faut que l'on aime ;
      A fuivre fans ceffe vos pas,
      Je trouve une douceur extrême :
Tous les autres plaifirs font pour moi fans appas ;
Du bonheur de vous voir, je fais mon bien fuprême :
      Hélas ! Si vous m'aimiez de même,
      Je ne me plaindrois pas.

Mais que vous êtes loin de l'ardeur qui m'enflâme ;
Mon bonheur ne fait pas le plus doux de vos foins ;
Et de tous les plaifirs que peut goûter votre âme,
Mon amour eft celui qui la touche le moins.

O L I M P I A.

      Je connois ce qui vous irrite,
Vous fouffrez à regret que je vienne en ces lieux ;
      Et le Spectacle où l'on m'invite,
      Offenfe peut-être vos yeux.
                              OCTAVIO.

OCTAVIO.

C'eſt le ſujet de mes juſtes allarmes,
  Vous reconnoiſſez mal ma foi ;
Je renonce à tout pour vos charmes,
  Et vous ne quittez rien pour moi.

OLIMPIA.

Sortez de l'amoureux empire,
Ou devenez plus tranquile en aimant;
  Un cœur qui s'allarme aiſément,
N'eſt point heureux quand il ſoûpire :
Pour moi, l'amour eſt un plaiſir charmant ;
  Pour vous, c'eſt un martire.

OCTAVIO.

Ah ! Ne murmurez point de mes tranſports jaloux !
L'excès de mon amour fait celui de mes craintes ;
  Tout ce qui s'approche de vous
  Porte à mon cœur de ſenſibles atteintes.

Que ne ſommes-nous ſeuls en des lieux retirés,
  Je ceſſerois peut-être de me plaindre ;
  Plus vos appas y ſeroient ignorés,
  Moins j'aurois de rivaux à craindre.

On vient. Songez du moins que je ſuis près de vous,
  Et ménagez un cœur jaloux.

D

SCENE II.

OCTAVIO, OLIMPIA; *Masques galants*
& comiques.

CHŒUR DE MASQUES.

TEndres Amans, rassemblez-vous.
Pour les cœurs que l'Amour enchaîne,
Quel séjour peut-être plus doux ?
S'il se trouve ici des jaloux,
L'Amour ne les amene
Que pour les tromper tous.

On danse.

OLIMPIA.	*Sens des Paroles.*
Ad un cuore, tutto geloso,	Sur les Jaloux,
Devé amor negar pieta.	l'amour épuise
	Ses plus redou-
La sua face.	tables rigueurs :
Ch'aletta'é piace,	Il veut qu'on en-
Vuol dolcezza, non crude lta.	gage les cœurs
	Et défend qu'on
Ad un cuore, &c.	les tiranise.

On danse.

OLIMPIA.

Alternativement avec le Chœur.

Formons d'aimables jeux, laissons-nous enflâmer;
Il n'est permis ici que de rire & d'aimer.

OLIMPIA.

Bannissons de ces lieux l'importune raison ;
Elle vaut moins qu'une aimable folie ;
Un doux excès sied bien dans la jeune saison,
Pour être heureux il faut qu'un cœur s'oublie.

CHŒUR.

Formons, &c.

OLIMPIA.

Rendez-vous, jeunes Cœurs, cédez à vos désirs,
Tout vous inspire un tendre badinage :
Ne préférez jamais la sagesse aux plaisirs,
Il vaut bien mieux être heureux qu'être sage.

CHŒUR.

Formons, &c.   On danse.

OLIMPIA.
Alternativement avec le Chœur.

Livrons-nous aux plaisirs, il n'est rien de plus doux ;
Pour qui seroient-ils faits, si ce n'étoit pour nous ?

OLIMPIA.

Mille Amours déguisés, dans ce charmant séjour,
Comblent nos cœurs d'une douceur extrême ;
Si quelqu'un en ces lieux est entré sans amour,
Ne craignons pas qu'il en sorte de même.

CHŒUR.

Livrons-nous, &c.

D ij

OLIMPIA

L'Amour, jeunes beautés, accompagne vos pas :
Pour tout soûmettre il vous prête ses armes ;
C'est vainement qu'aux yeux vous cachez mille
     appas,
A tous les cœurs il révele vos charmes.

CHŒUR.

Livrons-nous aux plaisirs, il n'est rien de plus doux;
Pour qui seroient-ils faits, si ce n'étoit pour nous?

OLIMPIA.

	Sens des Paroles.
Si scherzi, si rida,	
Si spensi à goder	Rions & folatrons, ne songeons qu'aux plaisirs;
Gia sotto le piume,	
D'aligero, Nume,	L'amour sous ses aîles,
Per noi si matura,	Au gré de nos désirs,
Lacerbo piacer.	
Si scherczi, &c.	Meurit mille douceurs nouvelles.

On danse.

Pendant la Fête un des Masques danse avec OLIMPIA, & fait remarquer beaucoup d'empressement pour elle. Quand le Bal finit, OCTAVIO suit ce masque, & OLIMPIA reste surprise de se trouver sans lui.

SCENE III.
OLIMPIA.

QU'eſt devenu le jaloux qui m'obſede ?
Ciel ! Quel eſt le ſujet de ſon éloignement ?
Auroit-il reconnu l'ardeur qui me poſſede ?
Mes regards n'ont-ils pas découvert mon Amant ?

Peut-être de nos yeux , la douce intelligence ,
N'a pû garder le ſecret de nos cœurs ;
Ces indiſcrets témoins de nos tendres langueurs ,
Ont enfin rompu le ſilence.

Que je crains. . . .

SCENE IV.

OCTAVIO, OLIMPIA.

OCTAVIO *rentre en remettant son Poignard.*

OLIMPIA.

MAis que vois-je? ô Ciel! Cruel, quelle rage
       vous guide?
De quels affreux transports étincellent vos yeux?

OCTAVIO.

    Gemis, pleure à ton tour, Perfide;
Va, cours de ton Amant recevoir les adieux;
    Il expire près de ces lieux.

OLIMPIA *en s'évanouissant.*

Ciel!

OCTAVIO.

Eh bien, malheureux! En douterai-je encore?
Sa douleur m'en dit plus que je n'en veux sçavoir;
Me voilà donc certain du feu qui la dévore;
Cependant je n'ai pû vanger mon désespoir
    Sur celui que son cœur adore.
Envain je l'ai suivi, ce trop heureux Amant:
    Fatale Fête, Nuit trop sombre,
    C'est vous dont le tumulte & l'ombre
Ont dérobé ses jours à mon ressentiment.

à OLIMPIA.

Tu reprens tes esprits, Cruelle, à ce langage ;
    Je suis le seul qui souffre ici :

à part.

De tous ses mouvemens je sens croître ma rage.
Je voulois lui surprendre un secret qui m'outrage ;
    Je n'ai que trop bien réussi.

OLIMPIA.

Vous voyez mon ardeur, il n'est plus tems de
    feindre ,
Mon secret se découvre à vos soupçons jaloux ;
    C'est à l'Amour qu'il faut vous plaindre ,
Je l'aurois écouté, s'il m'eût parlé pour vous.

OCTAVIO.

Quoi ! Perfide ; mes feux, le devoir, ma tendresse,
    Mes pleurs n'ont pû vous attendrir ?
Ah ! Je veux désormais réparer ma foiblesse ,
Je mettrai tous mes soins à vous faire souffrir :
    Puisque vous brûlez pour un autre ,
    Mon Rival en perdra le jour ;
Ma fureur dans son sang éteindra son amour,
    Et punira le votre.

OLIMPIA.

Cruel , ceffez de m'allarmer ;
N'écoutez point une injufte colere ;
C'étoit à moi de vous aimer ,
Mais , c'étoit à vous de me plaire.

SCENE V.

OCTAVIO.

QUel outrage ! Mon cœur ne peut le soûtenir
   Elle me laisse, elle rit de ma peine ;
Dieux ! Quand l'Hymen est prêt à nous unir,
La Perfide à ses nœuds oppose une autre chaîne.

   Non, je ne puis lui pardonner ;
Je me livre aux transports de ma fureur extrême ;
Je suivrai les conseils qu'elle vient de me donner.
Immolons mon Rival, son Amante & Moi-même.
Ne vaudroit-il pas mieux rompre un fatal lien ?
Mais le puis-je ? insensé, quel vain espoir me flatte ?
Sans l'Objet de mes feux, je n'espère plus rien ;
C'est sa seule rigueur qu'il faut que je combatte,
Allons tomber encor aux genoux de l'Ingrate,
Pour attendrir son cœur, ou pour percer le mien.

FIN DE LA SECONDE ENTRÉE.

E

L'ESPAGNE.

ACTEURS.

DOM PEDRO.	Mr Poirier.
DOM CARLOS.	Mr Cuvillier.
UN MUSICIEN.	Mr Godard.

PERSONNAGES DANSANS.
ESPAGNOLS.

Mr LYONNOIS.

Mlle CARVILLE.

Mr LANY, Mlle LANY.

Mrs Desplaces, Dupré p., Henry, Hyacinte.
Mlles Fleury, Ponchon, Chevrier, Courcelles.

TROISIÉME ENTRÉE.

L'ESPAGNE.

Le Théâtre repréſente une Place publique, que l'on diſcerne à peine, par ceque l'action ſe paſſe dans la nuit.

SCENE PREMIERE.

DOM PEDRO, Chevalier Eſpagnol, ſous le balcon de ſa Maîtreſſe.

SOMMEIL, qui chaque nuit jouiſſez de ma
    Belle,
Ne verſez point encor vos pavots ſur ſes
      yeux,
   Attendez, pour régner ſur elle,
  Qu'elle ait appris mes tendres feux.

E ij

Je vais parler, c'eſt aſſez me contraindre,
C'eſt trop cacher les maux qu'elle me fait ſouffrir;
Du moins il eſt tems de m'en plaindre,
Lorſque je ſuis prêt d'en mourir.

Ah ! S'il plaiſoit aux beaux yeux que j'adore,
De ſoulager mon amoureux tourment,
Le ſort fatal que je déplore
Deviendroit un deſtin charmant ?

Mais ma mort eſt toujours certaine,
Quelque ſuccès qu'Amour daigne me préparer;
Que Lucile ſoit inhumaine,
Ou ſenſible à l'ardeur que je viens déclarer;
Il faudra toujours expirer
De mon plaiſir ou de ma peine.

Quelle troupe s'avance, & qui l'amene ici ?
Reſtons, j'en veux être éclairci.

SCENE II.

DOM CARLOS, *ſuivi d'une troupe de Muſiciens & de Danſeurs.*

DOM CARLOS.

LA nuit ramène envain le repos dans le monde;
Mon cœur eſt toujours agité.
Mais mon trouble & mes ſoins font ma félicité,
J'aime mieux en jouir, que d'une paix profonde;

La nuit ramène envain le repos dans le monde,
Mon cœur est toujours agité.

à sa Trop.

C'est à vous de servir une ardeur si constante.
Soumettez à l'Amour la Beauté qui m'enchante;
Par vos plus tendres chants, tâchez de la charmer,
Rendez-lui le plaisir que je sens à l'aimer.

On danse.

UN ESPAGNOL,

Alternativement avec le Chœur.

Nuit, soyez fidelle,
L'Amour ne revéle
Ses secrets qu'à vous.

L'ESPAGNOL.

S'il veut à quelque cruelle,
Faire enfin sentir ses coups;
Nuit, soyez fidelle;
L'Amour ne révéle
Ses secrets qu'à vous.

CHŒUR.

Nuit, &c.

L'ESPAGNOL.

Si quelqu'Amant près de sa Belle
Trompe les yeux des jaloux;
Nuit, soyez fidelle,
Et cachez à tous
Des mysteres si doux;

C H Œ U R.

Nuit, &c.

On danse.

DOM CARLOS.

Vous ne paroiffez point, ingrate Léonore,
Méprifez-vous qui vous adore ?
Se peut-il que mon tendre amour
Ne fléchiffe jamais votre ame ?
Quoi, la nuit, fi propice à l'amoureufe flâme,
Ne me fert pas mieux que le jour !

N'eft-il pas tems qu'un fort heureux réponde
Aux foins trop éprouvés de ma fincere ardeur ?
Le plus fidele Amant du monde
N'a-t-il pas droit fur votre cœur ?

SCENE III.

DOM PEDRO, DOM CARLOS,

Et les Acteurs de la Scene précédente.

DOM PEDRO.

MOdérez le tranfport que vous faites paroître ;
Il faut s'expliquer autrement
N'ufurpez point le nom du plus fidele Amant,
C'eft moi qui me pique de l'être.

DOM CARLOS.

Envain l'avez-vous prétendu,
On ne peut égaler mes feux & ma conflance:
Banniffez l'injufte efpérance
De me ravir un titre qui m'eft dû.

DOM PEDRO.

Puifque Lucile eft l'objet de ma flâme,
Peut-il être des feux plus ardens que les miens ?
L'Amour par d'autres yeux, peut-il bleffer une ame,
Si vivement que par les fiens ?

DOM CARLOS.

Lucile eft digne qu'on l'adore,
Elle enchaîne les cœurs des plus aimables nœuds:
Si je n'avois vû Léonore,
Nous brûlerions des mêmes feux.

ENSEMBLE.

Que notre ardeur foit éternelle,
L'Amour nous promet mille attraits,
Difputons à jamais,
A qui fera plus tendre & plus fidelle.

DOM CARLOS, à fa Troupe.

Vous, chantez, célébrez de fi belles ardeurs,
Que vos voix, que vos chants attendriffent les cœurs.

FIN DE LA TROISIÉME ENTRÉE.

LA TURQUIE.

ACTEURS.

ZAYDE, Sultane.	Mlle Fel.
ROXANE, Sultane.	Mlle Chevalier.
ZULIMAN, Sultan.	Mr de Chassé.
LE GRAND BOSTANGI.	Mr Person.

PERSONNAGES DANSANS.

SULTANES.

Mlle PUVIGNÉE.

Mlles Marquise, Couppé, Himblot, Chomar, Riquet, Dumirey, Ponchon, Chevrier.

Mr LANY.

Mrs Desplaces, Dupré p., Feuillade, Henry, le Lievre, Dubois, Gallini.

QUATRIÉME

QUATRIEME ENTRÉE.

LA TURQUIE.

Le Théâtre repréfente les Jardins du Sérail du Grand-
Seigneur & dans le fonds, l'Appartement
des Sultanes.

SCENE PREMIERE.

ZAYDE.

ES yeux, ne pourrez-vous jamais
Forcer mon Vainqueur à fe rendre ?

Faut-il avec un cœur fi tendre,
Avoir de fi foibles attraits ?

Mes yeux, ne pourrez-vous jamais
Forcer mon Vainqueur à fe rendre ?

F

Au moment de mon esclavage,
Quand on me conduisit dans ce riche Palais,
Il parut à mes yeux l'antre le plus sauvage,
Je le fis retentir de mes tristes regrets.

Je me fis une image affreuse
Du Souverain que j'adore aujourd'hui ;
Mais sa présence enfin dissipa mon ennui ;
Et je me trouvai trop heureuse
D'être captive auprès de lui.

Les Beautés dont il est le maître,
Par son ordre bientôt s'assemblent dans ces lieux :
Amour, Amour, fais-lui connoître
Le cœur qui le mérite mieux.

Mais, c'est lui que je vois, gardons-nous de paroître,
Il n'est pas tems encor de m'offrir à ses yeux.

SCENE II.
ZULIMAN, ROXANE.
R O X A N E.

QUoi ! Par d'autres appas votre ame est en-
flâmée,
Mes soupirs désormais vont être superflus ;
Ah ! Pourquoi m'avez-vous aimée ?
Ou pourquoi ne m'aimez-vous plus ?

Z U L I M A N.

Je ne romprois pas notre chaîne.
Si vous sçaviez m'y retenir :
Mon cœur s'accorde sans peine,
A qui sçait mieux l'obtenir.

R O X A N E.

Que votre inconstance est cruelle !
Hélas ! Vous m'ôtez votre cœur :
Et malgré toute ma douleur,
Je n'ose vous traiter d'ingrat & d'infidéle.

Je vois avec horreur méprifer mes appas,
Je fens les plus vives allarmes ;
Mais le respect me force à murmurer tout bas,
Et me fait dévorer mes foupirs & mes larmes.

Z U L I M A N.

Vous méritez un fort plus doux,
Et mon cœur à regret se détache du vôtre ;
La pitié parle encor pour vous,
Mais l'Amour parle pour une autre.

R O X A N E.

C'en est donc fait, Seigneur, mes beaux jours font
passés ?

Z U L I M A N.

Je n'oublirai jamais que vous me fûtes chere.

R O X A N E.

Vous ne m'aimez plus, c'eſt aſſez,
Tout le reſte me déſeſpere :
Que ne puis-je oublier que je vous ai ſçu plaire !
Je ne ſentirois pas que vous me trahiſſez.

Z U L I M A N.

On approche, ceſſez une plainte trop vaine ;
Celles qu'ici mon ordre amene,
Vont par leurs jeux répondre à mes déſirs :
Diſſimulez votre peine,

R O X A N E à part.

Voïons du moins l'Objet de ſes nouveaux déſirs.
Sçachons à qui je dois ma haine.

SCENE III.

ZULIMAN, ROXANE, ZAYDE

ET LES AUTRES SULTANES.

Les Sultanes forment pluſieurs Danſes pour
plaire à Z U L I M A N.

ZAYDE, *alternativement avec le Chœur.*

QUE l'Amour dans nos cœurs faſſe naître
Mille ardeurs pour notre auguſte Maître ;
Que nos tendres ſoupirs
Préviennent ſes déſirs.

C H Œ U R.

Que l'Amour, &c.

Z A Y D E.

Dans ces lieux tout doit le satisfaire ;
Pour ce charmant Vainqueur laissons-nous enflâmer ;
Attendons le bonheur de lui plaire,
En jouissant toujours du plaisir de l'aimer.

C H Œ U R.

Dans ces lieux, &c.

Z U L I M A N, à *Z A Y D E.*

Vous brillez seule en ces retraites,
Vous effacez tous les autres appas ;
L'Amour ne se plaît qu'où vous êtes,
Il languit où vous n'êtes pas.

Mon cœur ne sent que trop le plaisir que vous faites.

Z A Y D E.

Quoi, Seigneur . . . .

Z U L I M A N.

C'est de vous que je me sens épris ;
Depuis le jour que je vous vis,
Mon cœur, belle Zayde, en secret vous adore.

Z A Y D E.

Hélàs ! S'il étoit vrai, vous me l'auriez appris.

Z U L I M A N.

Non, & c'est un secret que je tairois encore,
Si vos tendres regards ne me l'avoient surpris.

J'efpérois affranchir mon ame
Du péril d'engager fa foi;
Et je ne voulois pas me permettre une flâme
Qui prît trop d'empire fur moi.

J'ai long-tems différé de vous rendre les armes :
Pour éviter d'éternelles amours,
Des Beautés de ces lieux j'empruntois le fecours;
Mais vous triomphez de leurs charmes,
Et je vous aime enfin, pour vous aimer toujours.

ROXANE, tirant fon poignard, & voulant frapper
ZAYDE.

Ah ! C'en eſt trop, je céde à cet outrage,
Verfons le fang que demande ma rage.

ZULIMAN, lui arrachant le poignard.

Ciel ! Que vois je   quelle fureur !
Malheureufe, qu'ofes tu faire ?

ROXANE.

Je voulois la punir d'avoir trop fçu te plaire,
Et de m'avoir ravi ton cœur.

Le défefpoir dont je fuis animée,
S'enflâme encor par tes difcours;
Tu lui jures, Cruel, les plus tendres amours,
Tu l'aimes cent fois plus que tu ne m'as aimée.

Quand tu formas les nœuds , que tu romps pour
    jama's,
J'éprouvai ta fierté jufques dans ta tendreffe ;
    Hélas! C'eft avec d'autres traits
    Que l'Amour aujourd'hui te bleffe ,
    Devant fes yeux ton orgueil ceffe,
    J'ai voulu venger mes attraits ,
    Et te punir de ta foibleffe.

Z U L I M A N.

    Quoi! Ne crains-tu pas que la mort
    Soit le prix de ton infolence ?

R O X A N E.

    Je n'ai pû remplir ma vengeance;
Ce regret feul, fans toi, peut terminer mon fort.

à ZAYDE.

    Mais toi , Rivale trop cruelle,
Frens ce fer infidelle à mon jufte courroux ;
Portes-en à mon cœur une atteinte mortelle ;
Tu m'as déjà porté de plus fenfibles coups.

Z U L I M A N.

Qu'on l'ôte de mes yeux, & qu'on s'affûre d'elle.

SCENE IV.

ZULIMAN, ZAYDE;

Et les Acteurs de la Scéne précédente.

ZAYDE.

AU nom de nos tendres ardeurs,
Oubliez sa jalouse rage ;
Ne vous vengez de ses fureurs,
Qu'en m'aimant davantage.

ZULIMAN.

Je suis épris de vos attraits
Autant qu'on le peut être ;
Mon feu ne sçauroit croître,
Ni s'affoiblir jamais.

ZULIMAN ET ZAYDE.

Livrons nos cœurs à la tendresse,
Ne formons que d'heureux désirs ;
Aimons-nous , aimons-nous sans cesse ;
Comptons nos jours par nos plaisirs.

ZULIMAN.

Que tout signale ici nos ardeurs mutuelles ,
Qu'on offre à nos regards les fêtes les plus belles.
SCENE

SCENE DERNIERE.

ZULIMAN, ZAYDE, LES SULTANES,

& les Bostangis, ou Jardiniers du Sérail.

Ils forment plusieurs Jeux suivant leur caractere.

LE CHEF DES BOSTANGIS, alternativement
avec le CHŒUR.

> *VIVIR, vivir, gran Sultana.*
> *Unir, unir li cantara,*
> *Mille volte exclamara,*
> *Vivir, vivir, gran Sultana,*
>
> *Bello como star un flor,*
> *Durar quanto far arbor.*
> *A l'Enemigos su sciabola,*
> *Como à frutas Tempesta.*
>
> *La Ruciada matutina*
> *Far florir su jardina.*
> *Favor celesta*
> *Coprir su Turbanta.*   On danse.

LE CHEF DES BOSTANGIS,

Alternativement avec le CHŒUR.

> *Star contento,*
> *Star potento,*
> *Del mondo star l'amor ò lò spavento.*

G

En regnar,
En amar,
Far tributir
L'Occidento, l'Oriento.

En regnar,
En amar,

Sempre ſentir
Plazer ſenſa tormento.

Dir è far,
O disfar
Subito, ſubito.
Sù lo momento.
Star contento,
Star potento,
Del mondo ſtar l'amor, ò lò ſpavento.

✳❈✳

Sens des paroles Franques. Vive le Souverain qui nous donne des loix,
        Chantons, chantons, répétons mille fois,
    Vive le Souverain qui nous donne des loix.

    Qu'il ignore à jamais les peines,
    Qu'il éprouve mille douceurs,
    Qu'il brille autant que les fleurs,
    Qu'il dure autant que les cheſnes.

Qu'il réuniffe en lui la force & le courage,
Que fes voifins jaloux
Craignent plus fon couroux
Que nos fruits ne craignent l'orage.

Qu'au devant de fes vœux les cœurs viennent s'offrir,
Que pour fon bonheur tout confpire ;
Et que le Ciel faffe toûjours fleurir,
Et fes jardins & fon Empire.

F I N.

APPROBATION.

J'Ai lû par ordre de Monfeigneur le Chancelier , une réimpreffion du Ballet , intitulé *l'Europe Galante.* A Compiegne ce 18 Juillet 1755.

DEMONCRIF,